BEI GRIN MACHT SICH IHR WISSEN BEZAHLT

AF167403

- Wir veröffentlichen Ihre Hausarbeit, Bachelor- und Masterarbeit

- Ihr eigenes eBook und Buch - weltweit in allen wichtigen Shops

- Verdienen Sie an jedem Verkauf

Jetzt bei www.GRIN.com hochladen und kostenlos publizieren

Trainingsplanung für ein sechsmonatiges Krafttraining. Erstellung eines Makro-/Mesozyklus

GRIN☺

Bibliografische Information der Deutschen Nationalbibliothek:

Die Deutsche Nationalbibliothek verzeichnet diese Publikation in der Deutschen Nationalbibliografie; detaillierte bibliografische Daten sind im Internet über http://dnb.d-nb.de abrufbar.

ISBN: 9783346902429
Dieses Buch ist auch als E-Book erhältlich.

Druck und Bindung: Books on Demand GmbH, Norderstedt Germany
Gedruckt auf säurefreiem Papier aus verantwortungsvollen Quellen

Das vorliegende Werk wurde sorgfältig erarbeitet. Dennoch übernehmen Autoren und Verlag für die Richtigkeit von Angaben, Hinweisen, Links und Ratschlägen sowie eventuelle Druckfehler keine Haftung.

Das Buch bei GRIN: https://www.grin.com/document/1368997

Deutsche Hochschule für
Prävention und Gesundheitsmanagement
Hermann Neuberger Sportschule 3
66123 Saarbrücken

Einsendeaufgabe

Fachmodul: Trainingslehre 1

Studiengang: Fitnessökonomie

Datum
Präsenzphase: 22.02.2021-25.02.2021

Studienort: **Köln**

Semester: **WS 2020**

Inhaltsverzeichnis

1 Diagnose

1.1 Allgemeine und biometrische Daten

Tab. 1: Allgemeine Daten (eigene Darstellung)

Allgemeine Daten	
Geschlecht	Männlich
Alter	28 Jahre alt
Körpergröße	1,89 m
Körpergewicht	95 kg
Trainingsmotive	Muskelaufbau, Gewichtsreduktion, allgemein bessere Fitness bzw. Gesundheit
Berufliche Tätigkeit	Bürojob, überwiegend sitzend
Aktuelle und frühere sportliche Aktivitäten	Frühere Aktivitäten: ca. 4 Jahre Fußball im Verein, seit ca. 8 Jahren kein regelmäßiger Sport Aktuelle Aktivitäten: keine
Zeitlicher Verfügungsrahmen	3 Trainingseinheiten pro Woche, ca. 1 Stunde

Tab. 2: Biometrische Daten (eigene Darstellung)

Biometrische Daten	
Blutdruck	145/91 mmHg
Allgemeiner Gesundheitszustand	Leichte Verspannungen im Bereich des Nackens und leichte Rückenschmerzen
Sonstige gesundheitliche Einschränkungen/ Medikamenteneinnahme	Keine

Tab. 3: Body-Maß-Index (modifiziert nach World Health Organisation [WHO], 05.03.2021)

Ernährungslage	Untergewicht	Normalgewicht	Übergewicht	Adipositas Grad 1	Adipositas Grad 2	Adipositas Grad 3
BMI	Unter 18,5	18,5-24,9	25,0-29,9	30,0-34,9	35,0-39,9	Über 40

Der BMI der Person liegt laut der World Health Organisation (modifiziert nach WHO, 05.03.2021) mit 26,59 kg/m² nicht mehr im optimalen Bereich, sondern ist leicht erhöht und liegt im Bereich des Übergewichts, der Vorstufe der Adipositas.

Tab. 4:Blutdruckklassifikation der American Heart Association (modifiziert nach Mancia et al., 2013, S. 1286)

Bewertungsstufen	Systolischer Blutdruck	Diastolischer Blutdruck
Normblutdruck		
Optimal	Unter 120 mmHg	Unter 80 mmHg
Normal	Unter 130 mmHg	Unter 85 mmHg
Hochnormal	130-139 mmHg	85-89 mmHg
Bluthochdruck		
Stufe 1	140-159 mmHg	90-99 mmHg
Stufe 2	160-179 mmHg	100-109 mmHg
Stufe 3	>180 mmHg	>110 mmHg

Nach der Klassifizierung von der American Heart Association (modifiziert nach Mancia et al., 2013, S. 1286) liegt der Blutdruck der Person mit 145/91 mmHg im Bereich des Bluthochdrucks Stufe 1. Trotz des Bluthochdrucks Stufe 1 und den kaum gesundheitlichen Einschränkungen kann davon ausgegangen werden, dass bei der Erstellung des Trainingsplanes keine besondere Vorsicht geboten werden muss und die Person relativ stark belastet werden kann.

1.2 Krafttestung

Nach den Erfahrungen und des momentanen Gesundheitsstatus bzw. Trainingsstatus ist bei dieser Person als Testverfahren der Mehrwiederholungskrafttest (X-RM-Test) zu wählen. Der X-RM-Test ist bei der Person geeignet, da trotz weniger Trainingserfahrung keine Überforderung stattfinden wird und die Person in dem Ausmaß, wie es der Test erfordert, belastbar ist. Bei diesem Testverfahren wird die Trainingslast für eine vorher definierte Wiederholungszahl ermittelt. Das Testverfahren nach dem subjektiven Belastungsempfinden ist an dieser Stelle abzulehnen, da das subjektive Belastungsempfinden sehr schwer zu erfassen bzw. zu ermitteln ist. Daher sollte dieses Testverfahren nicht bei Trainingsanfängern, sondern eher bei fortgeschrittenen Sportlern angewendet werden, die das Belastungsempfinden so einschätzen können, wie es der Test verlangt. Der Maximalkrafttest (1-RM-Test) ist ebenfalls nicht bei Trainingsanfängern zu empfehlen, da bei Trainingsanfängern die Suche nach der Maximalkraft nicht erwünscht ist. Dieses Testverfahren ist ausschließlich Leistungsspotlern vorbehalten.

Der Testablauf orientiert sich nach Zimmer (1999, S. 45-47). Die im Test beinhaltete Eingewöhnungsphase hat bereits stattgefunden. Nach einem allgemeinen Aufwärmen folgt ein spezielles Aufwärmen an den geführten Maschinen um Verletzungen zu vermeiden. Das spezielle Aufwärmen bezieht sich auf die Übungen, welche auch während des Tests für die Ermittlung des X-RM-Tests genutzt werden. Dabei handelt es sich um die Übung Latzug zur Brust, Brustpresse und Beinpresse. Diese Übungen sind zu wählen da bei diesen Übungen unterschiedlich große Muskelgruppen beansprucht und stimuliert werden, vor allem die Bauch- und Rumpfmuskulatur. Das spezielle Aufwärmen besteht aus drei Sätzen. Im ersten Satz werden 8 Wiederholungen mit 80% der Gewichtslast des ersten Testsatzes absolviert, im zweiten werden 5 Wiederholungen mit 70% der Gewichtslast des ersten Testsatzes absolviert und im letzten Satz wird 1 Wiederholung mit 80% absolviert. Zwischen den Aufwärmsätzen und dem ersten Testsatz erfolgt jeweils eine Pause von 30 Sekunden. Bei allen Sätzen ist darauf zu achten, dass zwischen Ober- und Unterkörperübungen abgewechselt werden sollte, um eine frühzeitige Ermüdung als Störfaktor ausschließen und so genauere Testergebnisse sichern zu können.

Das Gewicht für den ersten Testsatz wird nach der Einschätzung und Erfahrung des Trainers ausgewählt, um die Anzahl der Testsätze möglichst gering zu halten. Bei dem Testverfahren werden alle gewählten Maschinen des ersten Mesozyklus getestet. Um möglichst genaue Testdaten zu erheben, werden maximal drei Testsätze pro Übung absolviert, um keine Ermüdung hervorzurufen, da sonst das Testergebnisse verfälscht werden könnte. Zwischen jedem Testsatz wird eine Pause von ca. 3 Minuten eingeplant, um die Muskulatur nicht zu überfordern. Zudem wurde auch bei dem Testverlauf zwischen Übungen für Ober- und Unterkörper gewechselt. Der X-RM-Test wurde mit 20 Wiederholungen durchgeführt, da der erste Mesozyklus auch mit 20 Wiederholungen pro Übung absolviert werden soll.

Tab. 5: Mehrwiederholungskrafttest (20-RM) (eigene Darstellung)

Testübung	Wiederho-lungen	1. Testsatz	2. Testsatz	3. Testsatz	Ergebnis
Latzug zur Brust (sitzend)	20	25 kg	30 kg	-	30 kg
Beinpresse	20	60 kg	65 kg	70 kg	70 kg
Brustpresse	20	20 kg	30 kg	-	35 kg

Butterfly Reverse	20	10 kg	15 kg	-	15 kg
Backextension	20	40 kg	45 kg	50 kg	45 kg

Aus dem Testergebnis können sowohl die Leistungsentwicklungen dokumentiert als auch die Trainingsintensitäten abgeleitet werden. Die Möglichkeit eines intraindividuellen Leistungsvergleiches ist nur bei exakter Standardisierung des Testes sowie all seinen Bedingungen gegeben, jedoch ist der interindividuelle Leistungsvergleich laut Martin et al. (1993, S. 118; zitiert nach Eifler, 2013, S. 253) nicht möglich, da keine repräsentativen Referenzwerte bestehen. Durch die ermittelten Anfangswerte dieses Tests kann man nach dem Ende des ersten Meso- bzw. Makrozyklus einen neuen X-RM-Test durchführen. Hieraus lassen sich die Kraftzuwächse ablesen bzw. vergleichen, welche dem Kunden vorgelegt werden können. Dies ist gerade für die Motivation des Kunden wichtig.

Die Trainingsmethode die für das Training gewählt wird, muss auf dem Mehrwiederholungskrafttest beruhen.

2 Zielsetzung/Prognose

Tab. 6: Zielsetzung (eigene Darstellung)

Inhalt	Ausmaß	Zeit
Senkung des BMI	unter 25	3 Monate
Senkung Blutdruck	Unter 140/90mmHg (in den Normalbereich)	3 Monate
Erhöhung der Muskelkraft beim nächsten Krafttest	Um 10%	6 Wochen (Dauer des ersten Mesozyklus)

Die Motive der Person, weshalb er mit dem Krafttraining angefangen hat, sind Muskelaufbau, Gewichtsreduzierung und eine allgemein bessere Fitness bzw. Gesundheit. Aus diesen Motiven lassen sich Trainingsziele ableiten. Diese Ziele sollten in ihrem Inhalt, Ausmaß und der Zeit sowie der Diagnosedaten vom Trainer so gesetzt werden, dass sie erreichbar sind, damit der Trainingsanfänger gerade zu Anfang die Ziele auch erreichen kann und seine Motivation aufrechterhalten bleibt.

Das Ziel der Senkung des Body-Maß-Index lässt sich aus dem Motiv der Gewichtsredu-zierung ableiten. Dieses Ziel ist bei Trainingsanfängern sehr realistisch, da der Muskel-zuwachs zu Beginn noch relativ hoch ist (Haupert, 2007, S. 64). Jedoch ist darauf zu achten, dass lediglich der Körperfettanteil gesenkt wird, da der Proband keine Muskel-kraft bzw. keinen Muskelquerschnitt verlieren möchte. Das Ziel die Muskelkraft zu erhö-hen lässt sich aus dem Motiv des Muskelaufbaues ableiten. Des Weiteren ist dieses Ziel für die Person von großer Bedeutung, da sie beruflich einer sitzenden Tätigkeit nachgeht und hiermit ein Ausgleich zum hauptsächlich sitzenden Berufs- und Alltagsleben ge-schaffen wird. Zudem hat dieses Ziel auch einen präventiven Ansatz, da der Aufbau von Muskelmasse gerade im Alter von großer Bedeutung ist, um zum Beispiel der Osteopo-rose und der Sarkopenie, also dem Muskelschwund im Alter, entgegenzuwirken. Das Ziel der Senkung des Blutdrucks lässt sich nicht direkt aus den Trainingsmotiven ableiten, jedoch ist eine allgemeine Verbesserung der Fitness bzw. Gesundheit unter anderem auch abhängig vom Blutdruck. „Durch die positiven gesundheitlichen Adaptionen, wie z. B. die Abnahme des Körperfettanteils … kann ein Krafttraining gegenteilig sogar eine Sen-kung des pathologisch erhöhten Blutdrucks bewirken" (Brito, Alves, Araújo, Gonçalves & Silva, 2011; Fisher, 2001; Kelly, 1997; Kelly & Kelly, 200; Ser, Ferriolli, Moriguti, Scher & Lima, 2011; Simão, Fleck, Polito, Monteiro & Farinatti, 2005; zitiert nach Eifler, 2003, S. 19). Des Weiteren ist ein erhöhter Blutdruck ein Risiko für Herz-Kreislauf-Er-krankungen denen vorgebeugt werden muss, um eine bessere Gesundheit auch im Alter sichern zu können. Daher ist dieses Ziel essenziell.

3 Trainingsplanung Makrozyklus

Tab. 7: Makrozyklusplanung (eigene Darstellung)

	Mesozyklus 1	Mesozyklus 2	Mesozyklus 3	Mesozyklus 3
Zyklusdauer	6 Wochen	7 Wochen	6 Wochen	7 Wochen
Trainingsziel	Kraftausdauer	Muskelkraft	Kraftausdauer	Muskelkraft
Einheiten pro Woche	3	3	3	3
Organisations-form	GK/Station	GK/Station	GK/Circuit	GK/Station
Übung pro Mus-kelgruppen	1-3	1-3	1-3	1-3
Satz pro Übung	2-3	2-3	2-3	2-3

Satzpausen	60 Sek.	60 Sek.	-	60 Sek.
Wiederholungen	20	15	12	8
Intensität in % ILB	50-70	50-70	50-70	50-70
Bewegungstempo: TUT („time under tension")	gleichmäßig langsames Tempo: 2/0/2	gleichmäßig langsames Tempo: 2/0/2	gleichmäßig langsames Tempo: 2/0/2	gleichmäßig langsames Tempo: 2/0/2

Die Individuelle-Leistungsbild-Methode (kurz: ILB-Methode) ist bei dieser Person als Trainingsmethode zu wählen. Da die Person kaum gesundheitliche Beschwerden aufweist und somit für den Test belastbar ist, kann die ILB-Methode auf der Basis des X-RM-Tests ohne Bedenken angewendet werden.

Ein Vorteil der ILB-Methode ist, dass sich die Intensitäten der Trainierenden nach deren Alter bzw. nach deren Trainingsalter anpassen lassen. Eifler (2013, S. 74) erstellte ein Grobraster der ILB-Methode. Aus diesem Grobraster geht hervor, dass die Intensität des Trainings einer Person, die sich auf der Stufe des Beginners befindet, bei 50-70% des ILB-Testergebnisses liegt. Diese geringen Belastungen führen dazu, dass die Person nicht zu stark belastet wird und sie die Motivation nicht verliert. Des Weiteren ist es innerhalb des Mesozyklus möglich von Woche zu Woche die Intensität langsam zu steigern (Eifler, 2013, S. 75), so dass man am Anfang des Mesozyklus bei 50 % des ILB-Testergebnisses anfängt und sich bis zum Ende des Mesozyklus langsam bis zu den 70 % steigert, damit die Muskulatur innerhalb der Mesozyklen ständig neuen Reizen ausgesetzt wird. Nach jeder Krafttrainingseinheit erfolgt ein Ausdauertraining auf dem Crosstrainer von ca. 30 Minuten, um die Ziele der Senkung des Blutdruckes sowie des BMI zu unterstützen.

Der Makrozyklus der Person beginnt mit einem Kraftausdauertraining, da in den letzten Wochen bereits eine Eingewöhnungsphase an das Krafttraining stattgefunden hat. Die Person soll sich nun während dieses ersten Mesozyklus an die höhere Intensität gewöhnen. Nach dem ersten Mesozyklus folgen drei weitere Mesozyklen innerhalb dieses Makrozyklus. Es folgen abwechselnd erst ein Muskelkrafttraining, dann wieder ein Kraftausdauertraining und als letztes wieder ein Muskelkrafttraining. Während des gesamten Makrozyklus sollen 1-3 Übungen pro Muskelgruppe trainiert werden und das mit jeweils 2-3 Sätzen. Die Anzahl der Sätze ist abhängig von der Muskelgruppe. Jedoch sollten gerade bei Übungen der Rumpf- und Bauchmuskulatur 3 Sätze absolviert werden, da durch die sitzende berufliche Situation gerade diese Muskulatur gestärkt werden sollte. Die Einheiten pro Woche sowie die Zeit des Trainings sind vom Kunden selbst bestimmt, da er aus beruflichen und persönlichen Gründen nicht öfter aus 3-mal in der Woche für eine Stunde Zeit hat. Dies ist jedoch kein Problem, da laut Fröhlich, Schmidtbleicher und Emrich bei Trainingsanfängern Trainingsreize von 2-3-mal in der Woche ausreichen (2007, S. 7). Die Intensität ist gewählt nach Eifler (2013, S. 75) mit 50-70 %, wie es für einen Trainingsanfänger vorgesehen ist, um diesen nicht zu überfordern. Die Wiederholungen werden von Mesozyklus zu Mesozyklus geringer, dies führt zu einer Variation der Belastung. Dass die Wiederholungszahlen hierbei geringer werden ist in diesem Fall des Makrozyklus nicht schlimm bzw. führt nicht zu Leistungseinbußen, da nach jedem Mesozyklus ein neuer X-RM-Test mit den jeweils vorgesehenen Wiederholungen für den Zyklus absolviert wird und dann mit dem neuem Gewichtswert trainiert wird.

Die gewählte Organisationsform des Makrozyklus variiert. Es wird dauerhaft ein Ganzkörpertraining durchgeführt, da es für Trainingsanfänger sinnvoll ist und ein Split-Training den Leistungssportlern die öfter als 3-mal in der Woche trainieren vorbehalten ist. In Mesozyklus 3 wird ein Circuittraining anstatt eines Stationstrainings durchgeführt. Es macht Sinn ein Stationstraining bei Trainingsanfängern durchzuführen, damit der Trainingsanfänger erst einmal Sicherheit erlangen kann, so entsteht eine Verletzungsprophylaxe. Im dritten Mesozyklus kann man davon ausgehen, dass nun genug Trainingskenntnisse vorliegen, um einen Circuit durchführen zu können, da eigenständig auf die korrekte Durchführung geachtet werden kann, um somit Verletzungen zu vermeiden. Beim Circuit finden keine Pausen zwischen den einzelnen Geräten statt. Ein Vorteil des Circuittrainings im dritten Mesozyklus ist, dass es bei der Person nicht zu einer Trainingsmonotonie kommt, da sie mit diesem Training Abwechslung in ihr normales Training bekommt.

In diesem Makrozyklus findet eine lineare Periodisierung statt, da die Intensität progressiv ansteigt und die Wiederholungszahlen regressiv abnehmen (Kraemer & Fleck 2007, S. 6). „Zur Operationalisierung des Bewegungstempos hat sich in der Praxis des Krafttrainings eine Angabe der Spannungszeit (TUT) für eine Wiederholung etabliert." (Eifler, 2013, S. 55). Als Bewegungstempo des Kunden wird das Bewegungstempo 2/0/2 gewählt. Hierbei geht es um eine Wiederholung, bei der zwei Sekunden exzentrisch, null Sekunden am Umkehrpunkt und zwei Sekunden konzentrisch gearbeitet wird (Eifler, 2013, S.55). Bei der Bewegung muss auf eine angemessene Atmung geachtet werden, eine Pressatmung sollte in allen Fällen vermieden werden.

4 Trainingsplanung Mesozyklus

Tab. 8: Mesozyklus 1, allgemeine Parameter (eigene Darstellung)

Mesozyklus 1:	
Zyklusdauer	6 Wochen
Spezifische Trainingsziele	Kraftausdauertraining
Einheiten pro Woche	3
Organisationsform	GK/Station
Übung pro Muskelgruppe	1-3
Sätze pro Übung	2-3
Satzpausen	60 Sek.
Wiederholungen	20
Intensität in % ILB	50-70
Bewegungstempo: TUT	2/0/2

Der Schwerpunkt des Mesozyklus 1 liegt auf Maschinenübungen, lediglich eine funktionsgymnastische Übung, der sogenannte Crunch, ist in diesem Mesozyklus 1 enthalten. Der Vorteil bei Maschinenübungen ist, dass die Ausführung und somit die Bewegung geführt wird und schneller erlernt werden kann (Kraemer & Fry, 1995; Trunz et al., 2002; zitiert von Haupert, 2007). Dies ist gerade bei Trainingsanfängern essenziell, damit keine falschen Bewegungen ins Training involviert werden und somit Verletzungen vermieden werden können. Des Weiteren wird so ein schnellerer Erfolg gerade für den Trainingsanfänger sichtbar und die Motivation bleibt bestehen. Funktionsgymnastische bzw. Freihantelübungen sind, gerade im Hinblick auf die Koordination, anspruchsvoller als Übungen an der Maschine. Da die Person die Eingewöhnungsphase abgeschlossen hat, kann man jedoch davon ausgehen, dass es für sie kein Problem darstellt in diesem Trainingsplan eine funktionsgymnastische Übung auszuführen.

Der muskuläre Schwerpunkt wurde auf die Rückenmuskulatur gelegt, da die Person in ihrem Alltags- und Berufsleben viel sitzt und leichte Verspannungen im Bereich des Nackens aufweist. Daher sollte vor allem die Rückenmuskulatur gezielt trainiert werden, um weitere Einschränkungen zu vermeiden bzw. vorzubeugen. Zudem wurde ein weiterer Schwerpunkt auf die Brust-, Bein- und Bauchmuskulatur gelegt, da es gerade bei einem Trainingsplan im Fitness- und Gesundheitssport wichtig ist, den kompletten Körper zu trainieren, um Dysbalancen zu verhindern. Außerdem liegt es im Interesse des Sportlers beim nächsten Krafttest eine Steigerung der Muskelkraft um 10 % zu erzielen. Daher sollten alle Muskelgruppen, die bei dem nächsten Test absolviert werden, auch ausreichend trainiert werden, damit die Person ihr Ziel auch erreichen kann.

Im Trainingsplan sind sowohl ein- als auch zweigelenkige Übungen enthalten. Die Vorteile von eingelenkigen Übungen sind, dass ein sehr gut isoliertes Training einer Muskelgruppe möglich ist und keine axialen Druckbelastungen entstehen, zudem entstehen weniger Fehlerbilder und die Übungen sind schneller erlernbar. Mehrgelenkige Übungen haben den Vorteil, dass es bei ihrer Ausführung zu einem Training in Muskelketten kommt und so ein funktionelles Bewegungsmuster entsteht. Zudem werden die passiven Strukturen durch die physiologische Gelenkmechanik entlastet und es sind alltagsnahe Bewegungen. Eingelenkige Übungen dominieren jedoch, da diese aufgrund ihrer Vorteile schnellere Erfolgsergebnisse liefern. Dies ist besonders bei Trainingsanfängern wichtig.

Bei der in Tab. 9 dargestellten Übungsauswahl wurde das Trainingsgewicht in Bezug auf die Prozentzahl der ILB-Methode auf- bzw. abgerundet und davon ausgegangen, dass jedes Gerät um 2,5 kg verstellbar ist.

Tab. 9: Übungsdarstellung des Mesozyklus 1 (eigene Darstellung)

Übungen	WH	ILB-Test	Woche 1 50 % ILB	Woche 2 50 % ILB	Woche 3 55 % ILB	Woche 4 60 % ILB	Woche 5 65 % ILB	Woche 6 70 % ILB
Latzug zur Brust sitzend	20	30 kg	15 kg	15 kg	15 kg	17,5 kg	20 kg	20 kg
Beinpresse	20	70 kg	35 kg	35 kg	37,5 kg	42,5 kg	45 kg	50 kg
Brustpresse sitzend	20	35 kg	17,5 kg	17,5 kg	20 kg	20 kg	22,5 kg	25 kg
Butterfly Reverse	20	15 kg	7,5 kg	7,5 kg	7,5 kg	10 kg	10 kg	10 kg
Backextension	20	45 kg	22,5 kg	22,5 kg	25 kg	27,5 kg	30 kg	32,5 kg
Crunch	20	-	-	-	-	-	-	-

4.1 Begründung der Übungsauswahl

4.1.1 Latzug zur Brust sitzend

Der Trainingsplan für den ersten Mesozyklus beginnt mit der Übung Latzug zur Brust an der Maschine. Hierbei handelt es sich um eine mehrgelenkige Übung. Diese Übung wird zum Anfang des Trainings gewählt, da die Rückenmuskulatur während des Trainings mehrere Übungen absolvieren muss, um das Defizit der Verspannungen im Nacken und die leichten Rückenschmerzen zu beheben. Bei dieser Übung werden vor allem die Muskeln M. latissimus dorsi, M. teres major, M. trapezius, pars ascendens, M. deltoideus, pars spinata, M. biceps brachialis, M. brachialis und M. brachioradialis trainiert. Diese Übung ist für den Kunden geeignet. Dadurch, dass die Oberschenkel fixiert sind, liegt der Fokus der Übung auf der Rückenmuskulatur.

4.1.2 Beinpresse

Nach dem Latzug zur Brust folgt die Übung Beinpresse, welche für die Bein- und Gesäß-muskulatur von großer Bedeutung ist. Bei dieser Übung handelt es sich um eine mehrge-lenkige Übung und es werden insbesondere folgende Muskeln trainiert: M. quadriceps femoris, M. biceps femoris, caput longum, M. gluteus maximus, M. semitendinosus und M. semimembranosus. Diese Übung ist wichtig für den Kunden, da er den Hauptteil sei-nes Tages sitzt und sich wenig bewegt. Wenig Bewegung in den Beinen ist gerade für den Herz-Kreislauf schlecht. Bei der Beinpresse wird jedoch sofort das Herz-Kreislauf-System beansprucht.

4.1.3 Brustpresse sitzend

Als nächstes folgt die Brustpresse für die Brustmuskulatur, die als direkter Gegenspieler der beanspruchten Rückenmuskulatur beim Latzug zu sehen ist. Die Brustpresse ist eine mehrgelenkige Übung und trainiert M. pectoralis major, M. deltoideus, pars clavicularis, M. triceps brachii und M. trapezius. Diese Übung ist auch mit Freihanteln möglich, je-doch wäre diese Freihantelübung für einen Trainingsanfänger zu anspruchsvoll. Daher ist die geführte Bewegung an der Maschine besser geeignet.

4.1.4 Butterfly Reverse

Die Übung Butterfly Reverse zielt erneut auf das Defizit der Rückenmuskulatur ab. Diese Übung ist gerade auch für eine aufrechte Haltung eine gute eingelenkige Übung. Trainiert wird hier der obere Rückenbereich mit den Muskeln M. trapezius, M. deltoideus, pars spinalis sowie M. rhomboidei und M. infraspinatus. Da beim Butterfly Reverse der obere Rücken trainiert wird, ist die Übung sehr gut geeignet für den Kunden, da diese Übung die Muskeln im Bereich der Schulter und Nacken stärkt, welche vom Probanden als Beschwerden angegeben wurden.

4.1.5 Backextension

Als vorletzte Übung folgt die letzte Übung für die Rückenmuskultur, der Backextension. Bei dieser Übung werden die Muskeln M. glutaeus maximus, M. biceps femoris, caput longum und M. erector spinae trainiert. Diese Übung ist speziell für den unteren Rücken und dessen Muskeln sehr wirksam. Die Stärkung des M. erector spinae, welcher an beiden Seiten der Wirbelsäule entlangläuft, ist gerade bei Rückenproblemen und deren Behebung von großer Bedeutung.

4.1.6 Crunch

Die letzte Übung des Trainingsplanes stellt eine funktionsgymnastische Übung dar, der Crunch. Beim Crunch handelt es sich um eine eingelenkige Übung. Der Crunch ist bei diesem Kunden eine bessere Alternative als der Sit-Up, da die Wirbelsäule beim Crunch weniger stark belastet wird. Zudem wird beim Sit-Up hauptsächlich der M. iliopsoas trainiert und weniger der M. rectus abdominis, welcher beim Sit-Up eine stützende Wirkung hat. Wie bei allen funktionsgymnastischen Übungen ist auch hier auf die genaue Ausführung zu achten. Jedoch kann man davon ausgehen, dass der Proband die Übung richtig ausführen wird, da er mittlerweile einige Wochen ein Krafttraining ausführt. Die Übung trainiert in erster Linie die Bauchmuskulatur den M. rectus abdominis, M. obliquus externus abdominis, M. obliquus internus abdominis und M. transversus abdominis. Sie ist eine gute Übung als Gegenspieler zum Backextension, da diese Übung einem Ungleichgewicht zwischen der Rücken- und Bauchmuskulatur vorgebeugt. Die daraus resultierende Rumpfstabilisation führt auch zu einer besseren Körperhaltung.

5 Literaturrecherche: Effekte des Krafttrainings bei Rückenbeschwerden

Tab. 10: Wiedergabe der Studie „Krafttraining und Prävention von Rückenschmerzen" (Huber, G., 2008)

Wer hat die Studie durchgeführt?	- Huber, G. - Institut für Sport und Sportwissenschaft der Universität Heidelberg
In welchem Jahr wurde die Studie publiziert?	- 2008
Welche Forschungsfrage wurde untersucht?	- Untersucht wurde die Frage, inwieweit ein Krafttraining am Arbeitsplatz wirksam ist um die Rückenmuskulatur und das allgemeine Wohlbefinden zu verbessern?
Mit welchen Versuchspersonen wurde die Studie durchgeführt?	- Mitarbeiter des Werkes Wörth der Daimler AG unter dem Namen Kraftwerk - Anfangs über 4000 Teilnehmer, auswertbare Fragebögen lagen von ca. 1000 Mitarbeitern vor, durchschnitts Alter lag bei ca. 38 Jahren und der Frauenanteil bei 11%
Wie sah der Versuchsaufbau der Studie aus?	- maschinengeschütztes Kräftigungstraining der Rückenmuskulatur, am Arbeitsplatz mit der sogenannten Lumbalextension - jeweils 16 Trainingstermine mit Kraftmessungen und des ausfüllen des Fragebogens
Welche relevanten Ergebnisse und Schlussfolgerungen liefern die Studie?	**Ergebnisse:** - signifikante Interventionswirkungen in einer Verbesserung der körperlichen Leistungsfähigkeit - Der Unterschied zwischen Beginn und nach 16 Trainingseinheiten liegt bei 0.55 Newtonmeter - bessere rückenbezogene Funktion, Verbesserung der Lebensqualität und der subjektiven Zufriedenheit der Gesundheit - Reduzierung der AU-Tage um 35%, und AU-Ausfälle um 48% **Schlussfolgerung:** - aus dieser Studie geht hervor, dass ein Krafttraining mit mobilen Krafttrainingsgeräten (Lumbalextension) auch am Arbeitsplatz eine enorme Wirksamkeit zeigt. Durch die gesteigerte Rückenmuskulatur wurde sowohl

	die körperliche Leistungsfähigkeit, Lebensqualität und die Zufriedenheit der Gesundheit gesteigert.

Tab. 11: Wiedergabe der Studie „Effekte maschinengestützten Krafttraining in der Behandlung chronischen Rückenschmerzes" (Stephan, A., Goebel, S. & Schmidtbleicher, D., 2011)

Wer hat die Studie durchgeführt?	- Stephan, A., Goebel, S., und Schmidtbleicher, D. - Krafttrainingseinrichtungen eines internationalen Anbieters für Krafttraining
In welchem Jahr wurde die Studie publiziert?	- 2011
Welche Forschungsfrage wurde untersucht?	- Untersucht wurde die Frage nach der Wirkung eines selbstständigen 6-monatigem apparativen Krafttrainings bei Personen mit Rückenschmerzen im frühen Chronifizierungsstadium im Vergleich zu einer Warteliste-Kontrollgruppe
Mit welchen Versuchspersonen wurde die Studie durchgeführt?	- insgesamt 74 Personen, 58 absolvierten das maschinengestützte Krafttraining und 16 Personen waren in der Warteliste-Kontrollgruppe - Probanden aus der deutschen Bevölkerung - Teilnehmer mit Rückenschmerzen im Chronifizierungsstadium 1 mit moderatem Schmerzniveau, alle Teilnehmer berichten über Schmerzen im Lendenwirbelbereich
Wie sah der Versuchsaufbau der Studie aus?	- Jeder Teilnehmer sollte über 6 Monate 6-mal monatlich ein halbstündiges maschinengestütztes Krafttraining absolvieren, nach 3 und 6 Monaten wurden Schmerzskalen eingesetzt zur Messung von Schmerzen und Beeinträchtigungen - die Studie fand multizentrisch statt, um größere Repräsentativität zu erzielen - Die Trainingsgruppe absolvierte ein progressives Hypertonie Krafttraining an Trainingsmaschinen mit variablem Widerstand, Lumbalextension mit stabilisiertem Becken war Bestandteil des Trainingsprogramms - in den ersten drei Trainingseinheiten erfolgte eine Einweisung, um 10. und jedem 20. Training individuelle Trainingskontrollen /-anpassungen - Warteliste-Kontrollgruppe erhielt keine Trainingsmaßnahmen, konnte jedoch über 6 Monate frei trainieren

| Welche relevanten Ergebnisse und Schlussfolgerungen liefern die Studie? | **Ergebnisse:**
- Am Ende waren 20 der Trainingsgruppe schmerzfrei, vorher 9 mäßige/starke Schmerzen und 11 leichte/sehr leichte Schmerzen; von der Kontrollgruppe waren 6 Personen schmerzfrei
- mittlere Schmerzstärke wies mit einer Reduktion von 38 % in der Trainingsgruppe und 26 % in der Kontrollgruppe nach 6 Monaten einen Effekt zugunsten des Krafttrainings auf
Schlussfolgerung:
- Ein Ganzkörperkrafttraining mit einer Trainingsfrequenz von 6-mal im Monat eignet sich für Rückenschmerzen im Anfangsstadium, um das Schmerzniveau zu senken, das Beeinträchtigungserleben zu reduzieren, körperliche Inaktivität zu überwinden und Kraft aufzubauen. |

6   Literaturverzeichnis

Zimmer, M. (1999). *Entwicklung und Erprobung eines Mehrwiederholungstests zur Erfassung der Kraftleistung im Fitneß-Training.* Universität des Saarlandes, Saarbrücken.

Eifler, C. (2013*). Empirische Überprüfung der Effekte verschiedener Ansätze zur Intensitätssteuerung im fitnessorientierten Krafttraining.* Dissertation, Universität des Saarlandes, Saarbrücken.

Kraemer, W. J., Fleck, S. J. (2007). *Optimizing strength training. Designing nonlinear periodization workouts.* Champaign: Human Kinetics.

Fröhlich, M., Schmidtbleicher, D. & Emrich, E. (2007). Vergleich zwischen zwei oder drei Krafttrainingseinheiten pro Woche - ein metaanalytischer Zugang. *Spectrum 19* (2), 7.

Haupert, M. (2007*). Zur Belastungsbestimmung im fitnessorientierten Krafttraining - Eine explorative Studie zur Methodik.* Dissertation, Universität des Saarlandes, Saarbrücken.

Huber, G. (2008). Krafttraining und Prävention von Rückenschmerzen. *Orthopädische Praxis 44* (3), 107-110.

Stephan, A., Goebel, S. & Schmidtbleicher D. (2011). Effekte maschinengeschützten Krafttrainings in der Behandlung chronischen Rückenschmerzes. *Deutsche Zeitschrift für Sportmedizin,* 62 (3).

7 Tabellenverzeichnis